ケアギフト

ゆる社会活動家／ケアライター
腰塚安菜

自分にも、まわりにも
やさしくなれる魔法

🎁 はじめに

ギフトを贈る側、贈られる側。この本を手にとった読者のみなさんは、どちらが多いでしょうか。

書き手の私はやっぱり圧倒的に前者。けれども贈る側の経験を積み重ねていたら、自然といただくご返礼やお返しも増え、贈られる側にも多くまわるようになりました。

きっかけは、休日明けに出勤すると、どこかに出かけていた同僚がお土産をそっと手渡してくれたり、デスクに置いてくれたりする、小さなプチギフトのコミュニケーション。「心配り」という言葉もあるように、お土産配りと共に人の心も配ってもらったら、それはケアギフトだととらえています。

本書では、歳時記や儀礼のギフトやプレゼントと区別して、誰かをケアする贈り物を「ケアギフト」と定義しています。読者のみなさんに、**誰かをケアするというとらえ方で、いつもの贈り物や贈る行動を振り返っていただく**きっかけになればと書きました。

一般的にはお金を出して何かを買うことこそがギフトですが、言葉や情報、時間など、もらってありがたいもの、人の助けになるのは形あるものとは限りません。**アイデア次第で値段のつかないものもギフトになり、お金を出さなくても実現できることは私たちの日常の中にあふれています。**

ケアギフトが役に立つシーンは、たとえば誰かがそばで疲れていたり、体調を崩していたりして、労りや思いやりの気持ちを表したいとき。自分がちょっとした何かをしてもらってうれしく思ったときなど、それぞれの心が動いたタイミング。時間も時節も気にせず行動できるのがいいところ。贈る対象へ気持ちが動いたそのとき、さっと差し出すテクニックで、贈る側にも受け取る側にも負担をかけずにサプライズだってできます。

コロナ期のある日、私は身近な「ケア不足」にはっとさせられたことがありました。疎遠になった家族や身近な誰かの病の話をSNSやメールで見聞きしても、何もできない自分が歯痒くて仕方がなかったのです。

もっとショックだったことは、大切な方へ自分からの連絡が疎かになった間、数カ月もしないうちにふっとこの世を去ってしまったこと。そんなことを20代から何度か経験しました。そのとき、**いつも意識すべきことはケアであり、自分が先に差し出せるもの、できる行動がギフトだと認識しました。**

ケアギフトというアイデアが生まれてからは、誰かをケアするという考え方なら、むしろ特別な日ではない、日常の中で贈りたい存在が無数にいることに気づきました。そのひとりには、**いつもがんばっている自分も含まれます。ケアギフトは、そんないつもがんばっているあなたや身のまわりの人を癒やす魔法です。**

離れて暮らす家族、疎遠になった旧友、デジタル化でリアルな交際をしなくなった同僚やお世話になった人。今は隣にいなくても、パッと思い浮かぶ大切な人はいませんか。私は身のまわりへのケアやセルフケアを中心に取材や執筆をすすめてきたライターです。これを書いている今も、身近な人や社会のあらゆる場所、場面に「ケア不足」があることを日々痛感しています。

ケア不足な社会を感じていても、私は希望を捨ててはいません。ライターという職業だからこそ、自分の書く筆跡、誰かが読む SNS のコメントなど 1 つひとつ、ギフトを選ぶのと同じくらい、できる限りケアの心を発揮するようにしています。

ケアギフトは私がこれから始めるまったく新しい提案ではなく、みなさんが過去の思い出で受け取ったものの中にもそう呼べるものが確かに存在しているはずです。

私にとっては園児から女子高生になるまで作ってもらったお弁当も、ケアの心が詰まったギフトのようなものでした。読者の方にもたくさんのケアギフトエピソードがあるはずです。

ケアギフトで誰かに感謝と健康を案じる心を伝えるのに、今からでは遅いということはありません。社会に出てから離れて暮らす親御さんにご無沙汰になっているなら、今こそ、これまでに受け取った愛情をお返しする番かもしれません。

本書で提案するのは、**若い方から大人まで誰にとっても難しくないケアギフト**。自分や他者へのケアギフトの考え方や私だけのケアギフトエピソードも紹介しています。

今、パッと心に思い浮かんだ大切な人に、時間、言葉、モノなど**ケアの心で何かを贈ってみませんか**。そして**自分も誰かもちょっと幸せにしながら、社会にも好循環をもたらす**一助を担ってみませんか。

目次

004 **はじめに**

015 【第1章】
私が意識してきた「ケア」の考え方

016 今、社会全体でケアが必要

021 20代から積み重ねた社会へのケア視点

026 自分にできることは唯一、ギフトだった

029 ケアギフトはどんな人に向いているか

032 ケアギフトをすると社会にどんないいことが
あるか

035 【第2章】
ケアギフトを贈ろう！隣人編

036 私が大切にしている2つの"隣人"の考え方・
広げ方

042 **[COLUMN_1]**
こんなケアギフトもある①買い物ケアギフト
帰省時に買い物代行をしてあげる

044 ケアギフトを贈ろう！隣人編実践

044 STEP01 ケアギフトは贈る人を想う、「企む」作業から。

046 STEP02 ケアギフトを選ぶ・買う。

048 STEP03 ケアギフトを相手に届ける・渡す。

050 STEP04 "書く"ケアギフトを贈る。

052 [COLUMN_2]
こんなケアギフトもある②デジタルケアギフト
デジタル /e ギフトサービスを気軽に贈ろう

055 【第3章】
ケアギフトを贈ろう！
自分編〜セルフケアギフト〜

056 今、自分にもケアが必要じゃない？

061 セルフケアは女性のもの？

065 セルフケアギフトは「ピンキリ」でいい！

070 WorkbooK
セルフケアって何から始めたらいいの？
悩める方へ、究極の2つの質問！

072 私のセルフケアギフトアイデア10

074 「セルフケアに対する罪悪感」を考える

083 **【第4章】**

ソーシャルなケアギフトを考えよう

084 セルフケアができたら「社会へのケア」を
考えてみよう

088 あなたがケアしたい人や社会は？

091 シェアして広げるソーシャルケアギフト

096 **[COLUMN_3]**
ちょっと違う方法で人と社会にケアギフト
「ペイフォワード」とは？

101 **【第5章】**

#ケアギフト的なエッセイ集

102 言葉のケアギフト

108 スープというケアギフト

114 サービス以上というケアギフト

120 古き良きを教わるというケアギフト

126 時間というケアギフト

136 **あとがきに代えて　5時のご挨拶**

第 1 章

私が意識してきた 「ケア」の考え方

―――――― Chapter.1-1 ――――――

今、社会全体でケアが必要

「今、社会全体でケアが必要なのではないか」―。

これが私からの最初の問いです。

読者のみなさんは、「ケア」と聞いて何を思い浮かべるでしょうか。日本語で言い換えの言葉が思いつきますか。かくいう私は、ケアの専門家ではありません。書店に行ってケアの本と出会うたび、それぞれの識者が考える「ケア論」と出会います。

ケアという言葉に感性が動くようになったのは、そう遠くない最近のことです。はじめに、外来語の「ケア」をほどいて、読者のみなさんと一緒に勉強していきたいと思います。

【ケア（care）】

広辞苑では「介護。世話。手入れ」。国立国語研究所は、最も基本的な意味を表す言い換えとして「手当て」。医療の分野では「看護」も上げています。

また、米国の政治学者ジョアン・トロントは、以下の5つにケアを分類しています。

・Caring about（関心を向ける）
・Caring for（配慮する）
・Care giving（ケアを提供する）
・Care-receiving（ケアを受け取る）
・Caring-with（共に思いやる）

上記に加え、ジョアン・トロントは『Careing democracy』（ケアを中心とした民主主義）を本で提唱しており、福祉やケアを専門とする兵庫県立大学准教授の竹端寛さんは著書『ケアし、ケアされ生きていく』の中で、ケアに満ちた社会の可能性を感じ、自身の働き方・生き方を見直したと綴っています。

ケアは医療・福祉の現場で使われることも多く、高齢者や障害で身体機能が落ちた方が施設に通ってサービスを受ける「デイケア」や、健康管理を意味する「ヘルスケア」などで接する機会が多いですね。介護職、看護職などの「ケア労働」に従事する人を思い浮かべる方もいると思います。

そんな狭義の「ケア労働」ではなく、広義の「配慮、愛

情、思いやり」でとらえているのが英文学者の小川公代さん。私はこの点に深く共感し、配慮や気配り、メンテナンスをする意味でのケアの考え方も大切にしていきたいと思いました。

また、もっとライトに、私たちの日常生活の中で「ケア」の文字を目にする機会もありますよね。
ドラッグストアや美容院に行けば「ボディケア」「ヘアケア」「インナーケア」。また最近は自分を労り、大事にすることの大切さを教える「セルフケア」という言葉も広がり、誰もが日常的にケアを必要としていると気づかせてくれます。

ここまでの言い換えや使われ方をヒントに、より的を絞って、こんな人にも「ケアが必要」と思えた対象に迫ってみます。
たとえば……

・幼い頃のつらい経験により、心に傷をかかえている人へのケア
今は健康でも、幼いとき、いじめや虐待、誰かの死などで「心的外傷」にふれた経験のある方ならきっと「自分

にケアが必要だ」と体で感じたことがあるのではないか
と思います。幼少期から 10 代の多感な時期に始まるメ
ンタルヘルスは時代を問わず社会の話題、課題となって
います。

・ウェルビーイングやメンタルヘルスの観点から働く人
　へのケア
休職や自死に追い込まれた人のニュースは定期的に私た
ちの目に入ってきます。健康に自信がある人でも、仕事
中心の生活になって、食べることや寝ることの時間も失
えば、メンタルヘルスだけでなく、体全体が蝕まれてし
まうのは当たり前です。こうした事例は私のすぐ隣でも
毎日起こっていて、他人事ではありません。

社会全体の幸福を考えると、ケアは子どもからお年寄り
まで、あらゆる年齢で必要となると言えそうです。

今こそ、みんなにとっての
ケアを考えよう。

～さらに「ケア」を深めたい方へ～

「ケア論」にはさまざまな考え方があります。本質をもっと深く知りたいという方へ、本書刊行時期に近くケアが主役になった本を3冊ご紹介します。

福祉社会学を専門とする竹端寛さん。英文学者の小川公代さん、教育者・哲学研究者の近内悠太さん。それぞれ独自の「ケア論」を展開されています。

タイトルに惹かれた方は、本書と一緒にケアへの考え方を深めてくださいね。

- 『ケアし、ケアされ生きていく』
  （2023, 筑摩書房・竹端寛）
- 『ケアの理論とエンパワメント』
  （2021, 講談社・小川公代）
- 『利他・ケア・傷の倫理学「私」を生き直すための哲学』
  （2024, 晶文社・近内悠太）

Chapter.1-2
20代から積み重ねた
社会へのケア視点

英語に、突き抜けた才能を持つ子を指す言葉「gifted」という表現があります。

贈り物を受けているという動詞でありながら、「恵まれた人」という意味となるのが面白いと思っていました。

私は幼少期から10代にかけて体も心も"ひ弱"を自覚して少女時代を過ごしました。そこから独学で立ち直り、20代から社会に出るまでは、意識的に人のため、社会のためを優先して行動していた時期です。そうした意味では、もともと社会へのケアに対し人一倍感受性が強かったと振り返ります。

医療従事者やケアマネジャーのような職業の方、家族の子育てと介護が重なるダブルケアラーや若い世代のヤングケアラーまで存在する社会を見ていると、それと真逆の現実を生きている自分はいつも「恵まれている」と実感しています。

私には今、子どもや親など、お世話すべき身近な存在がいません。書くことが仕事の中心で、現場で汗をかいて

お世話をしたりすることも、祖父母や両親の介護の経験
もありません。

けれどもそれは自分の仕事現場や家族の中で、お世話や
手当てが発生しない人生を歩んできたというだけ。これ
からいつ何時、家族や身近な人が倒れてしまうかわかり
ません。

今、心の持ちようも含めて自由に、安穏と生きている。
そんな「恵まれている」実感がある自分が、これからの
社会にできることは何なのか。私の社会へのケア視点が
どこで生まれたのか、振り返ってみました。

「ケア」と出会う前の私のこと。

高校から20代まで、試験科目の勉強よりも日本や途上
国の貧困や地球環境問題を優先して勉強してきた私でし
た。勉強して、考えて終わり。ではなくて、働きかけた
い、伝えたい。

その貪欲さについて、特に上の世代に「なぜ？」とたく
さん質問をされてきましたが、人のため、社会のためと
「ため」を思う使命感のように重くとらえておらず、弱
さや貧しさといった"みんなの困りごと"にセンサーが
働きやすいという生まれ持った性質だったのです。

女学生と呼ばれていた時代から、地元の「ドヤ街」に行って地区の中にいる人と話すことも恐れませんでした。通学途中の地元の駅でも、ひとり旅のロンドンの路上でも凍えそうなホームレスが気がかりで、会話ができそうな方がいれば、具合を聞きながら小銭を置くとか、近くにお弁当を買いに走ってあげるなどの気を利かせることもありました。

10代の卒業旅行も、20代後半のひとり旅でも、学生時代にコミットした貧困や環境問題が関わるファッションをしっかり考えようと、世界中から集まった人たちで話し合う会議やイベントへ参加するために、1週間から2週間以上海外で勉強や発信をしたことも数回あります。

このまま世界で勉強や取材をすることがライフワークになるかと思いきや、私の思考を方向転換させたきっかけがありました。国民全員が「次は自分か」と病と隣り合わせの状態に陥ったコロナ期。あの、人と人とが断絶された感覚でした。

ここでようやく、私は「ケア」というテーマにたどり着いたのです。「恵まれている」自分ができることは何か

を10代から探していましたが、ケア視点はずっと自分の中にあり、行動にも表れていたのに、気づいていなかっただけでした。

社会課題、つまり"みんなの困りごと"を本気で考えたい人は、それが環境問題であれ何であれ、いつの時代もやっぱり机の上だけではなくて、一度は海外に身を置いて、人の言葉を聞いたり、人の生活を目で見たりして考えたことを自分の言葉で伝えてほしい。そして、環境問題は人の生活の小さな困りごととセットで考えるべきというのが、今の私の基本的な姿勢です。

自分の力ではどうにもならない疫病の流行や災害により、これからどんな世界になっていくか、予測できません。常に「明日はわが身」という意識で暮らしています。互いにケアし合うことが自分ごととなり、はじめは自分のセルフケアを中心に、次は他者に対して、もっとやさしい社会づくりについても書いて発信していこう、と思い直しました。すっかり30代になった今の私は「ケア」を言葉で届けて人に貢献することがモチベーションになっています。

「恵まれている」実感と
「伝えたい」がケア視点の始まり。

Chapter.1-3

自分にできることは
唯一、ギフトだった

求められなくても喜んで先に差し出すこと。これが、私なりに見つけたケアでした。他方、私は物心ついたときからギフト、贈るということが好きです。

これは、誰かのための買い物が大好きな母譲り半分、自分自身の好きが反映されたライフワーク半分ずつだと思っています。

そもそもギフトと言えば、誕生日、記念日など、人生の大事な節目やお祝いが真っ先に思いつきますよね。もうひとつ大事なタイミングと言えば、新年の挨拶、バレンタイン、母の日、父の日、クリスマスと、カレンダー通りの季節の歳時記。年間で何回もギフトのチャンスがあり、街の店頭も足並みを揃えて賑やかに彩られます。

季節の店頭を見ているだけでワクワクする気持ちはみなさんと同じですが、私の場合、情報量も物量もすさまじい規模であふれるギフトの海から「あの人は今、どんな

ギフトを"必要"としているだろうか？」という眼差しで街を歩いています。

最近は発送のやりとりより便利なお土産や手土産（携帯サイズ、バッグインサイズ。片手の手提げ袋程度のもの）、プチギフトのすばらしさにも目覚めています。

さらに、直接手渡ししなくても、SNS のダイレクトメッセージや LINE などのチャットツールで送受信できるギフトサービスを使い、疎遠な人とも簡単にコミュニケーションできたり、ギフトの授受をきっかけに新しい関係を築けたりすることが可能となり、デジタルの恩恵を実感しています。

ギフトへの思いを語り尽くしてしまいましたが、私にとってギフトとは、どんな形であれ、考えるだけで心から楽しいもの。消えてなくなるものでも思い出の中にいくつものギフトが残っていますし、自分から送って喜んでいただいた言葉も、可能な限り紙のメモ書きやメッセージのキャプチャーで保存しています。

仕事以外で好きなこと。みなさんにもきっとあるはずですが、私はギフトとそのまわりのノウハウでした。お金をもらわなくてもできる「好き」を外に生かせば、誰かも幸せに、自分も幸せにできると確信しました。

ケアを先に差し出す
＝ギフトと捉えてみる。

Chapter.1-4

ケアギフトは
どんな人に向いているか

改めて「ケアギフトって何？」と聞かれたら、積み重ねた社会視点でたどり着いたケア×ライフワークのギフトの掛け算で私が提案する、身近な人へ、自分へ、社会へケアの視点を持って贈る行動です。言葉や時間などがそれにあたりますが、お金もかけず、かたちすらないものも贈ることができます。

ケアギフトは、贈る人、贈られる人を選ばないもの。性別・年齢・職業・居住地域などすべてを問いません。

多様性が尊重される社会だからこそ、今こそ日常生活の中でもっとお互いにケアし合い、自分もみんなもちょっと幸せにする、誰かをケアできる贈り物を贈り合う。そんな社会づくりをしたい。

中学生から大人まで幅広い年齢層に対し、この本自体をケアギフトとして届けたいです。この本をきっかけに、文字だけでなく、会話の中でも「ケア」という言葉が口の端に上るようになればと思っています。

具体的に「こんな人に読んでもらいたいな」と思うのは、

・年齢問わず自分の心と体の健康に悩んでいる方
・介護や子育てなど、人のお世話と自分の仕事をどちらも抱えながら、肉体的にも精神的にも大変な思いでケアワークに励んでいる方
・仕事場や家庭の中で誰かに寄りかかれず、ひとりでしんどい思いを抱えている働き始めの若い方、学生の方

そんな方々に手に取ってもらえたら、著者の私は心からうれしいです。

もちろん、さまざまな理由で「本を読めない」状態の人もいますので、まず健康で元気な方から先に読んで、身近にいる弱い立場や苦しい立場にある方、疲れきっている方へのケア、ギフト行動を促せるものでありたいと思います。
また、ケアギフトは職場や家庭でのコミュニケーションにも活用できます。殺伐とした環境を変えて、もっとやさしい場づくりがしたいと悩んでいる方。この本やケアギフトを活用してみてはいかがでしょうか。

多様な人へのケアを促す
ケアギフトでありたい。

―――――― Chapter.1-5 ――――――

ケアギフトをすると
社会にどんないいことがあるか

ケアギフトは、普通のギフトよりも、やさしさや思いやりといったケアの視点が生かされたものです。

ものや言葉、共有する時間を媒介に、1対1の関係、1対グループの関係でケアギフトの輪が広がっていくことで、今よりもっとやさしい社会づくりにつながると私は考えています。

この本では「よりよい社会づくりをしたい！」というアクティブな方向けに、第4章では「社会のためのケアギフト」についてもふれています。最初は贈る対象を自分や身近な人から、そして社会へと視点を徐々に外へと広げていきましょう。

まずは「ステップ0」として読者とまわりのみなさんでこの本を共有していただき、誰かと会話のきっかけにしてもらえたら、それだけで少し社会に貢献できたという実感があります。

そして、誰かのために何かをする余裕がある方は、この本を読んだ後、さっそく身近な存在に、そしてもちろん、いつもがんばっている自分にもケアギフトを贈ってみましょう。

次の章からはケアギフトの選び方、贈り方を説明していきます。本書のコンセプトは、あなたにもできる、ケアギフトです。難しくないケアギフト行動を、これから一緒に紐解いていきましょう。

ケアギフトで、 やさしい社会づくりを目指そう。

第 2 章

ケアギフトを贈ろう!
隣人編

Chapter.2-1

私が大切にしている
2つの"隣人"の考え方・広げ方

隣人と聞いて、あなたがイメージする人は誰でしょうか。
第2章は、改めてこの関係性を考えるところから始めたいと思います。

私が日頃の会話や書き言葉でよく使う「隣人」という表現があります。

この言葉にふれて誰だろう？と思う方もいるかもしれませんので、はじめに書いておきたいと思います。

「隣人って誰？」

こう質問を受けたら、物理的・心理的な距離感で、2つの回答をセットで用意しています。

まず、もっとも身近な隣人は**いつもそばでがんばっている家族や友人、働く隣人**。他方では、とっさにケアが必要になる隣人です。

家族や友人、同僚以外にも、私が想像するよりずっと幅広く、**それぞれに大切に思う存在が身近にひとりは思い当たるのでは**ないでしょうか。

SNSやオンライン会議ツールのおかげで、友人という概念も広がっています。何年も対面では会っていない人とようやくリアルで対面ができたとき「私たち初対面だったっけ？」というくらい、たちまち意気投合できてしまった経験が、あなたにもあるのではないでしょうか。

一方「とっさにケアが必要になる隣人」は誰でもそうなりえます。たとえば、どこかに電車で向かっているとき、アナウンスが流れて気づく「具合の悪いお客様」。そんな人が隣に居合わせたら、まさしくケアすべき「隣人」だと言えるでしょう。

次に距離が離れた隣人として私が考えるのは、**どこかで眠れなかったり、悩んだりしているデジタル上でつながる知人**です。

さらに、**SNS上で声を上げている顔見知りでない隣人**という存在もいます。

デジタル社会でいつもつながっている実感があるのは最近のことではありませんが、知人や友人とは近況報告などしていなくても、SNSの投稿で「今、こんなことしているんだな」「こんなことを考えているんだな」ということがリアルタイムで目に入ってきます。

さらに私たちは時にSNSで「ヘルプ」の声を上げている、

アカウント名しか知らない人に深く心を痛めたり、共感したりすることがあります。私がそれを強く思い知ったのは東日本大震災やコロナ期です。

同じ境遇の経験者だとすれば、コメントや返信で何か力になれるアドバイスを直接届けられる時代です。自分がケアできる可能性を持つSNS上の隣人は、むしろ仲がよいとは限らない関係性も入ります。

ほかにも隣人の解釈は拡大できますが、ケアが必要という視点で私が優先度を高く見つめているのが、このような存在です。

ケアが必要となる社会で、隣人はどんどん拡大するとも考えています。

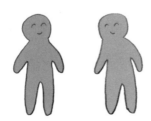

ここからは親しみをこめて「さん」づけで呼んでみましょう。

荷物の集荷や宅配に来てくれる配達員さん、ちょっとした会話で盛り上がる近所のお店の店員さん、通っている美容院の美容師さんなど顔馴染みの関係で、サービスでお世話になっている方はみな私の隣人さんです。

誰もがひとりの仕事人であり、疲れを見せずにサービスや対応をしてくれますが、ひとり足らずロボットではない生身の人間。だからこそ、お客さんである私が思いやりの気持ちを発揮したいなというとき、サービス以外のモノや言葉を授受する関係になることだってあります。隣人さんの存在の広がりは、サービスの関係性だけではありません。住み方やオフィスの形が多様になった今、昔とは違う現代ならではの住宅環境、働く環境があります。私の場合、20代でシェアハウスやゲストハウス、30代でコワーキングスペースを利用してきたので、家族以外でも隣り合わせて話をする方がまさに隣にいました。こうした隣人関係からリアルに交際を続ける友人関係になった方が、書きながら何名か思い浮かびます。

このように私は幅広く隣人さんを大事にしてきました。私からギフトを贈られたことのある方は、もう私の大切な隣人です。年齢を重ねた方や、何らかの事情で大変な状況にある方には、「喜ばせたい」というより「支えたい、力になりたい」という気持ちが働きます。

第2章は、私が隣人さんに、どのようなステップでケアギフトを届けるか、ステップで紹介しています。隣人という対象の見方を、ギフトでコミュニケーションできる最も身近な存在として改めて見直すために役立てていただければ幸いです。

あなたの大切な
"隣人さん"はいますか。
それは誰でしょうか？

COLUMN_1

こんなケアギフトもある①買い物ケアギフト

帰省時に買い物代行をしてあげる

もっとも身近で大切な隣人。誰にとっても、私にとっても、まずは両親ではないでしょうか。

実家暮らしではなく同居していない方、結婚して新しい家族を持った方、遠方で単身赴任をしている方など、年に一度会う方もいれば、私のように家通しが近く、毎週顔を合わせている方など、さまざまでしょう。

私はコロナ期に一度めっきり会えなくなったことで、家族と対面で会えることのありがたさに気がつきました。

聞いてみると、高齢家庭に意外と助かるのは日用品、食料品。日頃の自分のためと同様の「買い出し」の手伝いだったりするそう。

たとえば、ちょっと気の利いたスイーツやパン。

家族がよく知っているパン屋の季節限定パンを買って行ったら、早速ホクホクとうれしそうな顔で食べ始める姿を見て、こんなものもギフトみたいなものかと気づかされたものです。みなさんにも、きっとこんな経験はあるでしょう。

高齢の家族から聞いてきた「助かったわ、ありがとう」。意外なプ

レゼントをして驚いたり喜んだりしてもらうよりも、最近は「助かった」というその安心感にも似たひと言がうれしくなったように思います。目新しいものよりも、馴染み深いもの、いつも使い慣れているものを買ってもらえることは安心で、それもうれしいとのことです。

贈り物という考え方で何か手土産をするのも素敵ですが、お年を召したご家族には、帰省時に、到着する前に「必要なものはない？」と聞いて「買い物代行」をしてあげるというケアギフトプランも企んでみてはいかがでしょうか。

―― Chapter.2-2 ――
ケアギフトを贈ろう！隣人編実践

 ケアギフトは贈る人を想う、
「企む」作業から。

企む。

ケアギフトは、贈る人を想う、考えるという「企む」作業から始まります。 作業といっても人から見えないのですが、大事な行程です。考えるだけではなく、何をしたら貢献できるかを考えて情報収集するリサーチの時間も入ります。

\\ Advise //

その人との最近のコミュニケーションを振り返ってみる。

その方と最近やりとりしたのはいつですか。今は SNS 社会なので、その人がポロっとつぶやいた近況が目に入ることがあります。いつも元気な方が「なんだか元気がなさそうだな」ということに敏感で、私の場合、すぐに気がつくことも。

また、ちょっと振り返ってみると、すっかりご無沙汰だった。昔は暑中見舞いはがきも交換していたのにな……なんてことはないでしょうか。その方に「コンタクトをとりたい」ではなく「とろうかな、どうしようかな」という気持ちが芽生えたとき、それが贈るタイミングと考えています。

\\ Advise //

贈る人に合わせて、ものを考えてみる。

贈る人が決まったら、次は贈るもの。ものやお金の持ち合わせがなければ、言葉だってギフトになります。
「あの人に、あれを送ろう」と決めたら、ギフトを手配する日、お相手にギフトが届く予定を紙の手帳の日付に入れたり、買い出しメモをスマホのメモにちょこっと書き込んでおいたりするのもおすすめです。

忙しい日常ではギフトのナイスアイデアも「取り急ぎ」になってしまうので、自分にもちょっとひと息、考える時間の余裕を持てるといいですね。

ケアギフトを選ぶ・買う。

選ぶ・買う。

ここでケアギフト＝モノという視点が入ります。お買い物の方法はオンラインや店頭、携帯で完結する決済とさまざまありますが、仕事に向き合うのと同じくらいまじめに、**お店では店員さんと、モノとは心で、**思う存分向き合ってください。

\\ Advise //

間違いないのは季節に合わせたケアギフト。

災害級の暑さで参っていた夏、私の心がときめいたのは、プリン専門店のオンラインショップで見つけた「暑い夏、冷たいプリンの贈り物」というコピー。「お店の売り文句なんて買ってほしい宣伝だから、美しいのは当たり前でしょ？」という意見もありますが、侮らずに読んでみると、どんな商品も、使う誰かのためになろうとしていることがわかるんです。

私は季節ごとのギフトの宣伝文句を大切に読んでいます。直感で「これはいいな」と思ったら、心が動くままにそれを選んでみましょう。

\\ Advise //

中身だけでなく、外側も考えてみる。

ギフトは中身も重要ですが、店頭やオンラインで買うプレゼントでどうしてもつきまとうのが包装やショッピング袋の問題。過剰包装は避けるのが当たり前と言われる昨今、買い物と同じように、ギフト包装もさりげなく遠慮する SDGs な社会になりました。

とはいえ、私は季節ごとに美しい包装紙を眺めるのも好きです。レジ袋なしで買い物をするときと同じように、包装なしの裸のまま何かをお渡しすることで自分の「スタイル」を贈り先に示すこともできますが、季節感や特別な思いを伝えたいときは、少し手を動かして手持ちの素材でDIY すれば、余分な出費やプラスチックを消費しなくとも、オリジナリティを出した渡し方か贈り方ができます。

ケアギフトを相手に届ける・渡す。

送る・贈る。

いよいよプロジェクトの本番です。ここまでケアよりギフトに集中してきましたが、**相手にギフトが届くまで、どう励ましたいのか、支えたいのか頭の片隅に置いておきましょう**。「発送」か「手渡し」かにより時間差がありますが、どちらも2つの場所で感情の行き交いが発生する部分。「欲しかった」「欲しくなかった」という気持ちの分かれ目にもなるので、行き違いが発生しないように、慎重にすすめたいところです。

\\ Advise //

マメにアドレスを控えておく。

住所や電話番号などの個人情報は交換していないものの、SNSでならつながっている時代になりました。けれども私はやっぱり、顔の見える関係で「この人とは深くつながりたい」というときは、LINEを聞き出すのではなく、住所や電話番号をささっとメモにまとめます。紙のメモに書くと紛失時に困るので、これはデジタルのメモがおすすめです。

\\ Advise //

贈り先と喜び合うことを忘れずに。

ギフトの選択がよかったのか、悪かったのか。相手の反応で「失敗した！」という経験も、私にもあります。がっかりされたら素直にごめんなさい。敗戦経験を次に活かしましょう。
贈り先がもらって困るものにお金を使ってしまわないためにも、思いやりをとっさに発揮するためにも、子どもや高齢の方、体調を崩した方への目配りや好みの把握を忘れず、日頃からケアの感性を養っておくことが大切です。成功したら、ひと言「よかった！」と言うだけでも、贈り先と喜び合いましょう。

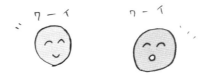

STEP 04 "書く"ケアギフトを贈る。

書く。

ケアギフトの終わりは人にモノが届くまでではありません。実は**ケアの心を出せる最も大事なステップは最後に添える言葉でもある**と考えます。ライターだからできるということはなく、みなさんならではの「ケア言葉」で、余力のある限り、**文字にして伝えるようにしてみましょう。**

\\ Advise //

スキマ時間にサクっと郵便局へ。

人より郵便局に出向くことが多い私は、仕事の休憩時間や隙間時間にフットワーク軽く足を運びます。レターパックや小包など、贈るものの形状・大きさにもよりますが、おすすめは発送キットを用意しておくこと。
お店から直接贈ると形は綺麗ですが、たまには自分で発送伝票を書いたり、中身にちょっとハガキやメモを入れたりして、手間を含めて送り先を思う時間が増えるのがいいところ。自分が使いやすい「置き発送キット」が自宅や職場にあるといいですね。

\\ Advise //

アナログでも、やっぱり往復書簡がうれしい。

「ギフト届いたよ。ありがとう」「先日はギフトをありがとう」に対しても「こちらこそ、連絡ありがとう」と伝える。ありがとうを書き重ねることを、ご返礼返しと呼んでいます。
メールでもいいのですが、いつでもサッとご返礼返しができるように、レターセットやペンを用意してみてください。ポストカード、絵葉書、便箋、なんでもOK。思いを余白に込めてみましょう。
書き方のコツですが、暑い夏も寒い冬も、労りの言葉がファースト。これはメールやSNSに書く毎日のお返事も同じです。

COLUMN_2

こんなケアギフトもある②デジタルケアギフト

デジタル /e ギフトサービスを
気軽に贈ろう

コロナ期以降、私が最も気軽に使ってきたのが、SNS メッセージ
やメールで贈れる「デジタルギフト、e ギフト、ソーシャルギフト」
などと呼ばれる電子ギフトサービスです。

どこにも行かず、送付・受け取りまでスマホのやりとりで完結で
きること、お互いの住所を知らなくても贈れるところ、お互いが
手荷物も発生せず、身も気持ちも軽いのが、私なりに考えるデジ
タルケアギフトのメリット。もちろん内容も、労い、感謝などケア
にこだわったギフト選択が可能です。

私はみんなに馴染みがあるコーヒーチェーンのサービスで、同僚
や家族に「おつかれさま」「ありがとう」の気持ちを込めたささや
かな 1 杯のコーヒーチケットから使い始めましたが、今ではもっ
と特別な思いを込めたケアギフトまで使うようになりました。

コロナ期、非接触であるというメリットで使い始めましたが、メッ
セージをした相手先に住所を入力してもらえば、手土産だと重い
食品や雑貨、花束などをギフトセットの形で自宅にて受け取れる
など、自分自身が楽です。何より贈り先にサプライズで喜んでい
ただけるなど、後から気づいたメリットもたくさんありました。

また、ほとんどのサービスがデジタルメッセージカードを添えて贈れるようになっていて、テキストを書くことが好きな私は、これも気に入ったポイント。

カフェや映画鑑賞のチケットなど、形のないものもあれば、馴染みのお店で使えるポイントもあれば、「リラックス」「ご自愛」など大きなテーマの中に5つくらいの選択肢があり、相手が好きなものを選べるギフトもあります。大きな体験ギフトでは、マッサージ券や旅行宿泊券も送れるサービスも。ものだけでなく「時間や体験を贈る」をコンセプトにしたものも増えました。こうしたデジタルギフトサービスはコロナ期が収束してからもどんどん拡大している様子。好きなあのブランドのケーキ、衣料品、食器。「これもデジタルギフトができたんだ!」と気づくことも増えました。デジタル時代のニーズを受け、これからもますます広がっていくかもしれません。デジタルが得意でないお年を召した方、はじめて受け取る方には、メッセージのやりとりで使い方のアドバイスも添えてあげるといいですね。贈る側、贈られる側のライフスタイルに合わせて、ぜひ気軽に利用してみてください。

第 3 章

ケアギフトを贈ろう！
　　　　　自分編
〜セルフケアギフト〜

Chapter.3-1

今、自分にもケアが
必要じゃない?

「自分を大切にする」って、どういうことでしょうか。

逆に**「自分を疎かにする(ケアレス)」**とは、どういう状態を指すでしょうか。

私はそのすべてを文筆家・詩人 服部みれいさんの『自分をたいせつにする本』(ちくまプリマー新書、2021)に教わりました。

この本は服部さんが10代にもわかるように書かれたそうで、若い世代にもセルフケアを自分ごとにしてもらう手ほどきとして紹介してきた一冊です。

ほかにも、たとえば、仕事場でも家にいてもマルチタスクに追われ、トイレくらいしか息を抜くことができず張り詰めた状態が続いているテレワーカーさん。朝から晩まで子どもの食事づくりや寝かしつけ、家事をひとりで

抱え、「ワンオペ」状態のいつも休憩不足なママさん。

働く人の「本を読む時間なんてない」という声もあれば、私の同世代では駆け出しの新米ママたちの「子どもと一緒に行ける場所に行くことを優先していたら、ヘアサロンに行くのもすっかりご無沙汰だった」「自分時間もないけど休憩すらなくて、むしろトイレに行くのすら忘れていた」といった声をよく見聞きします。

ほかにも、仕事中心の生活で、オーバーワークで寝食がとれなくなって、心身を病んでしまうケースは、自分を疎かにしてしまったケア不足の典型例。「病気」や「病む」ことに気づく手前でも、ケア不足はじわじわと発生しているのです。

もし仕事場にいるあなたがリフレッシュ不足でイライラしたり、ため息ばかりついたりしている毎日なら、**「セルフケアレスではないか、そんな自分のために何かできることはないか」**と立ち止まり、点検してみるために、まとまった「時間」を自分へのギフトとして贈ることをおすすめします。

「セルフケアレスである自分」に、気づいていますか？

デジタル時代の生きづらさを解消するセルフケア

現代は普通に生きているだけで、老いも若きも**「デジタル時代ゆえの閉塞感」**という新しい課題を抱えています。

挨拶、訪問、交際、手渡しなど。昔は対面でしていたアナログなコミュニケーションはデジタルにとって代わられ、スマホを手にした私たちは今、一日中誰かからの通知を気にしている状態です。

若い世代ほど顕著になり「社会問題」としてまだ大きく見えないこの現象を詳らかにしたい思いから、近年の私は「デジタルネイティブ世代」（インターネットやデジタル機器使用が当たり前のインフラとして生まれ育った世代。自分を含む1990年代〜2000年代生まれ）の気持ちに寄り添う努力をしてきました。

こうした世代は家族の目から離れた場所で学校の友達以外ともつながり、デジタル上でのつながりを自主的に求めながら、一方で疎外感を感じたり、人知れず誹謗中傷にも悩んだりしている可能性が高いのです。デジタルの発達によって、今の若者たちは**「セルフケアしても、しすぎることはない」**世代ではないかと考えています。

若い世代へ伝えるセルフケアとして、私が見出した最も簡単な処方箋は、短時間でも数十分から数時間だけでもスマホをオフにすることです。スマホを置いて自然にふれに行く、映画やお芝居の鑑賞で2～3時間ぷっつりとスマホを切って文化にふれる、誰かの顔を見て話をするなど。これは若い世代でなくても、デジタルで目も心も疲れたあなたへの特効薬になります。

体全体が疲れているなら、誰かにマッサージしてもらうのもいいし、自分で体を動かしたいアクティブな方は、デジタルツールを置いて走りに行ったり、時間を忘れて踊ったり、音楽をかけながら拭き掃除したりするのもいいですね。

セルフケアは、いつもスマホの中ばかりと向き合い、SNSコミュニティばかりを気にしてしまう**デジタル時代の生きづらさを解消するもの**ととらえています。

セルフケアは、デジタル社会の生きづらさを解消してくれる。

---- Chapter.3-2 ----

セルフケアは女性のもの？

男性も、もっとセルフケア！

「セルフケア」の文脈で多く登場するのが、癒しのサービス施設やボディケア、ヘアケアなど、体を労わる美容に関する商品です。

こうした美容やリラクゼーション（スパ、マッサージ）など、癒しに関するイメージに登場するのも、いまだに女性が多い印象があります。自分と向き合うことを大切にするヨガや瞑想もそうですね。

誰のせいでもなく、自然と入りにくさがつくられてしまったかもしれませんが、女性のためのものとは、いったい誰が決めたのでしょうか。

仕事とひたむきに向き合い、余裕のなさそうな男性を目の当たりにすると年齢問わず「もっとリラックスする時間が必要だな」と思うことがあり、男性にも、男性こそ、セルフケアの時間がもっと必要だと感じています。

世間的なイメージのせいで「男だから簡素でいい」「ケアの時間なんて必要ない」と思ってしまったり、人の目を気にしたりしてしまうのなら、**隣人であるあなた、パートナーからの働きかけなどで世界は広がります。**

男性の場合、場所自体が入りにくい、経験してみないととっつきにくいという場合もあります。「体験してみたら効果を感じた」という体感知（人それぞれが五感で感じるもの）からケアに入ることもできるので、体験してみて心と体に効くことを体感できたものは、**パートナーとして相手を誘ってみるのもいいですね。**

今や美容やコスメが男性にも広がっている時代です。セルフケアもオールジェンダー＆エイジレスに考えていくべきときだと考えています。

セルフケアは、もっと オールジェンダーでエイジレスでいい。

体が弱い方、入院や介護が必要な方へ、労りのセルフケアギフトを

前述のように「セルフケアはこういった人のためのもの」という価値観を変えていくと共に、意識したいのは体が弱い方に対するアプローチです。年齢を問わず、体が弱い方はいますし、もちろん、自然と体が弱くなっていく高齢の方もそこに入ります。

体が弱い方や、入院が必要な方。医療や介護であれば支える側も「ケアされること」が必要です。医療従事者や、家庭でケア労働に勤しむ方は「ケアされたい」と感じる暇すらもないかもしれません。

私は大人になってから、人の手と手がふれること、体にふれてもらうことのケア効果を感じて、マッサージを受けるたびに「この気持ちよさをそのまま誰かに贈れたら」という気持ちになります。そのときなぜか思い浮かぶのは、おじいちゃんとおばあちゃんです。
マッサージの施術ができる資格は持っていませんが、祖父母が身近な距離にいたときに、もっと肩や足をマッサージしてあげればよかったなと今になって思います。

もしもお金を出せるなら、ケア労働をがんばっている人をいつも見守っている誰かがそっとヘッドスパやマッサージ施設の体験チケットをギフトできたら素敵です。学生さんだったら、お金を出さずに、同居のおじいちゃん、おばあちゃんにちょっとした隙間に手や足をマッサージしてあげるのでもいいですね。きっと何よりのケアギフトになるのではないでしょうか。

**弱った方、大変な中にある方にこそ
セルフケアギフトを。**

―――― Chapter.3-3 ――――

セルフケアギフトは
「ピンキリ」でいい！

セルフケアギフトは、使うお金の大小によらない

いよいよあなた自身が喜ぶセルフケアギフトの実践です。心にいいこと、体にいいこと。アイデア次第でさまざまなことができます。

どこかに出かける、セルフケアアイテムを買うなど、お金を払って何かすることばかりが思いつくかもしれませんが、移動も支払いもせず、今この瞬間から「身の丈」でできることもあります。

人それぞれの尺度で幸せを感じる物事が異なるように、自分へ贈るギフトアイデアも無限大。お金を使わずにできるセルフケアギフトもリストに入れてみましょう。

今、自分の心と体に何が不足しているのか。その空洞を満たすためには、何を自分に贈ったらよいか。**自分と向**

き合うことが「ステップ0」です。

セルフケアの重要性を語っている私自身もつい、自分を追い込んでセルフケアレスになってしまうことがあります。そんなときは、ファッションやライフスタイル雑誌、YouTube の同世代女性の姿にヒントを得て「これもセルフケアだったか！」と、自分のアイデアリストにどんどん追加しています。

また、近年、女性誌ではセルフラブ、言い換えて「自分へのご褒美」や「ご自愛」を特集した企画が増えています。編集のプロの独自の視点で集められた雑誌のコラムに見る女性の生声を参考にすることもあります。

SNS では「Solo-Date」という言葉（自分とのデート。自分の幸せやメンタルヘルスを優先した、ひとり時間を楽しむ活動）を海外の動画クリエイターさんたちが発信する言葉でよく見かけるようになりました。

私がフォローするおもに同世代女性、海外に住むクリエイターさんの暮らしを動画から見ると、平日・休日を問わず、自分を喜ばせるひとり時間の過ごし方が自然体で

上手です。一方、周囲を見回すと、まだまだ足りていないなと思うのが忙しい日本社会や女性の友人たちです。

solo day、solo date を楽しむ**海外女性クリエイターの動画からもセルフケアギフトのアイデアを発見してみてください**。

あたたかい食べ物・読み物はセルフケアギフトの特効薬!

あたたかい季節でも、**毎晩のくつろぎで「あたたかさ」を感じながらよく眠ること、早起きすること**。簡単なようで人によっては難しいものですが、私にとっては何よりのセルフケアギフトです。

若い世代から高齢の方まで、朝起きてすぐできる、セルフケアが２つあります。それは、**朝の時間に余裕を持つことと、居場所の環境を心地よく整えることです**。

居場所の環境はもちろん、もっと肌に近い、着ているもの、まとうものを自分にとって居心地をよいものにする。私はこれを「身心地」とも呼んできました。特に冬場は、自分の身をあたたかく守り、身心地よくしておくことで、穏やかな自分でいられます。

ちょっと体調も下がっているなという時、香ばしいパンやクッキーもいいですが、こんな日はポリッジ＊をイメージするような、あたたかくとろける口にやさしい朝ごはんを。朝から食事をたくさん食べる習慣がないという方も「朝ごはんできるくらいの余裕」を心と体にたっぷり持っておくことが大切です。

※オートミールのお粥を甘く、時に塩辛く味つけたボウルで、西欧諸国の朝ごはんの定番。ハッシュタグ #porridge から、フルーツやおかずを盛り合わせた思い思いの食べ方が見られます。

一方、夕方のセルフケアギフトで私のお気に入りは、エッセイストの松浦弥太郎さんの読み物と共に更新される、山吹味噌さんの Instagram のお味噌汁の写真投稿とショートエッセイです（2024 年現在）。

夕方 5 時頃、キッチンで自炊を始めながら Instagram を開き、この短いエッセイが目に入るとホッとして、楽しみに読むようになりました。松浦さんの発信する言葉を

読んだ後に食べる夕食はいつもよりじんわりあたたかく、心と体に染みるように感じられます。

スープやお味噌汁をつくって食べることは、お金のかからないセルフケアギフト。情報として届く読み物や写真だけでも励まされるんだと学びました。

次の項では、私の「セルフケアギフトアイデア10」のリストを紹介します。

みなさんも書き込み型ワークブックを活用し、自分にとってのセルフケアギフトのリストを書き込んでみてくださいね。

これらに対する回答から自分の生活で優先順位を高く置いている物事が見えてきて、セルフケアギフトになる時間の過ごし方のアイデアプランになります。思いつかない、今すぐ何かできないという方は、まずは次のお休みのプランを考えるところから始めてみましょう。

セルフケアギフトは、アイデア次第で無限大！

Workbook

セルフケアって何から始めたらいいの？
悩める方へ、究極の2つの質問！

自分にとって何がセルフケアになるのか。それでもピンとこない方へ、誰でも自然にアイデアが浮かぶ2つの質問をします。
単語ひと言（散歩、買い物、パワーランチ、旅行、マッサージ……）行動（○○に行く、映画を見る、たっぷり寝る……）思うままに自由に書き出してみましょう。

Q1　今から1時間、自由な空き時間ができました。どこで、何をして過ごしますか？

Q2 明日まる1日、自由なお休みになりました。
どこで、何をして過ごしますか?

私のセルフケアギフト
アイデア 10

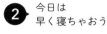

お金を使わなくても

1 お風呂に入っちゃおう

2 今日は早く寝ちゃおう

3 寝っ転がりながら食べちゃおう

4 スマホをオフにしちゃおう

5 半休をとっちゃおう

お金を使って

6 ひとりで慰労飲みしちゃおう

7 肌着・靴下・部屋着を買い替えちゃおう

8 おまかせシャンプーで手間抜きしちゃおう

9 ヨガかマッサージを予約しちゃおう

10 移動、プチ旅にお金を使っちゃおう

現代っ子
特有？

自分で自分を制限している若い世代は、
もっと自分のケアに時間とお金を使っていい！

「セルフケアに対する罪悪感」を
考える

未来リナさんプロフィール

1999年生まれ。モデル・ライフスタイルクリエイター。日本と
スペインにルーツを持つ。ホリスティックな方法で病気を克服し、
環境・動物・健康にも理解を深める。

IBD(潰瘍性大腸炎)の療養・仕事の休養で、スペイン・バレン
シアで9カ月間のひとり暮らしを経験。日本の友人とのボイス
メッセージのやりとりが支えになり、どこに・いつ・どんな状況
で存在していたとしても、シンプルでリアルなコンタクトツール
でつながれる「心のホーム」のようなオンラインコミュニティを
作りたいと考える。

LINEの30日間友達企画で数千人の登録者から反響を受けたこと
で、note で「Soulfulブログレター」を開設。現在までソウルフ
レンド（noteの有料会員メンバー）へ文章やボイスで発信し続け
ている。
YouTube では再生回数多数の「ソウルノート」の書き方をはじめ、
セルフラブ、ボディポジティブなど自分と向き合うテーマを若
者にもわかりやすく動画発信。月1回のジャーナリングの集い
「Journal with me」のYouTubeライブ配信でも多くの視聴者から
反響を得ている。

—— 年下の発信者にもセルフケアを学びたい。セルフケアを追求する若手の代表的存在が未来リナさんでした。**「セルフケアへの罪悪感」**というテーマを設けた理由はずばり、未来さんのnoteの発信でそれがテーマになっていたことです。

セルフケア以外にも多くのテーマで「罪悪感」がキーワードになっていて、共鳴している方が多く、同じように悩んでいる多くの女性がいること。これまでの若者取材を通しても、なんとなく勘づいていましたが、SNSコミュニティのみで共有されるプライベートな課題を深め、広く外にも共有したいと思いました。よろしくお願いします。

未来リナ いつもSoulful ブログレター(note の有料会員コミュニティ) を受け取ってくださりありがとうございます。配信を始めて 2 年半になるnote で「ソウルフレンド」と呼んでいる視聴者さん、月 1 回、今の自分と向き合うYouTube ライブの視聴者さんも共鳴し、それぞれが感じる**罪悪感**を書き込んでくださっています。私もその声の多さから課題感を抱いているところです。

── まずは、未来さん自身が経験してきた罪悪感について
お話いただけますか。

未来リナ　罪悪感の始まりは、中学生の頃でした。まず
「安心すること」に対して罪悪感があったと思います。自
分に対して何かすることへの罪悪感については、これま
で、自分に**お金を使うこと、休むこと、彼氏を持つこと、食
べること**など、いろいろ発信してきました。

── 安心といえば、あたたかい食事や衣服、空間。人と人
の交流の間に生まれるぬくもり、いろいろイメージでき
ますが、そんな安心感を跳ねのけてしまう状態だったの
ですね。なぜだったんでしょう。

未来リナ　はい。その「なぜ」に対して、当時の私は勉強
やレッスンなど「〇〇しなきゃ」といつも追われていて、
罪悪感に気づけませんでした。ある時、姉と歩いていて、
震える体の私を姉が気遣って「コーンスープでも飲む?」
と言ってくれたのですが**「あたたかいものなんて飲め
ない、いらない」**と答えました。姉に「なぜ?」と聞かれ、
「ホッとするのがいやなの」と答えたんですね。そのとき
に姉が「何かおかしい」と気づいてくれて、その後はセラ
ピーにも通ってこの心の「なぜ」を専門家と一緒に解き

明かしていくことになります。早いと10代からこうした心境を持ってしまう子に対して、そばに誰かがいて気づいてくれたら早期発見になると思い、私もソウルフレンドへ経験談やアドバイスのシェアを始めました。

──── その経験談を聞いてやっぱり確信しました。**自分を大切にする何かへの罪悪感**というのが、特に女性に特有な、社会問題の「芽」なんじゃないかと。未来さん世代と私は10年くらい年齢差がありますが、海外暮らしの経験値については、私の先輩ですね。

未来リナ　私はスペインと日本を行き来して比較してきて、海外暮らしをしているときの自分は日本で生活しているときより、あらゆる面で**罪悪感を感じにくい**ということも知りました。スペインでは、最も若い世代が罪悪感を感じやすい**ボディに関することもオープンに話せる文化**があるし、学校にもカウンセラーがいて、反面、日本の教育の場所では十分に子どもへのケアが行き届いていないとも思い、なんとかしたいなと感じています。

──── 暮らしの中での自分の感覚の違いだけでなく、子どもを取り巻く環境にも問題意識を持ってきたんですね。

未来リナ　これからしばらくの間、スペインをひとり旅するので、どれだけ自分が罪悪感から自由になれるか楽しみです。

―― この先も長い女性の人生で、罪悪感を100％ゼロにすることは難しいですが、さまざまなことを克服した今、**自分にお金と時間を使う**ようになって、どうハッピーになりましたか。

未来リナ　**自分の人生のハンドルを自分で握っている実感、解放感**を感じます。時々、波があって、セルフケアがおろそかになってしまうときはあります。今の自分を採点したら100点中75点くらい。でも、今は疲れに気づいたらボディをケアするし、カフェやマッサージにお金を使えるようになりました。何より旅には、定期的に自分を成長させるために、大きなお金を使えるように。そういえば、スペインには"Ande yo caliente, y ríase la gente"**（私はあたたかく過ごしているから、人々はそんな私を笑っていればいいわ）**ということわざがあるんですよ。

―― 明るいことわざですね。先ほどお話しされた「コーンスープいらない」といったエピソードを、気丈な女の子が笑い飛ばしているみたいでもあります。私もそんなポ

ジティブな言葉で、身をあたたかくしていることが、**ポジティブで自信のある自分づくりにつながる**んだという体感知や感性を若い世代に伝えたいです。

「ケアギフト」と最初に聞いたとき、どう感じましたか?

未来リナ 率直に「かわいいな」って思いました。セルフケアはいろいろな人が言っているし「セルフ」とつくと英語の「セルフィッシュ」を思い出す人もいると思います。それこそ罪悪感を感じやすい子や、自分に自信がない子は自分勝手だなとか、自分なんてと引け目を感じてしまう人もいると思うんです。でもケアギフトだと自分を通してまわりにもプラスの連鎖が**広がる感じ**。セルフケアギフトは**「自分に何かいいことしたかな?」**と振り返れるのもいいですね。

―― 未来さんの感性で新しく定義してもらえてうれしいです。Instagram のストーリーズで**「今日、自分にギフトするなら?」**とリナさん自身も問いかけていて、形あるもの以外にもたくさんのギフトアイデアが集まってフォロワーのみなさんが共鳴していたから、ケアギフトは、未来さんの言葉でますます広がる気がします。

未来リナ　ありがとうございます。フォロワーさんには年下もいれば年上もいて、さまざまな年代の方のメッセージひとつひとつから学んでいます。

—— この本では私のセルフケアギフトも紹介しているのですが、今の未来さんが自分に贈りたい、あるいはもう実行しているアイデアは？

未来リナ　そうですね。どんなに忙しい日でも、出かける前の朝、朝ごはんをゆっくりいただく時間がないと、ロボットみたいに機械的になってしまうから、**自分時間をしっかり確保する**ようにしています。ほかには、移動中や夜の料理の時間などに、1日1回は**学びになる音声を聴く**こと。英語は母国語ではありませんが、英語だとありのままの自分に戻れる感覚があるので、音楽やPodcastをよく流しています。これも私にはリラックス、セルフケアのひとつです。

—— **食べることのケアギフト**を大切にされていると感じたのは、未来さんが朝と晩、自分のために準備している鮮やかなワンプレートやスイーツ。見る人の目にもおいしいしけれど、食材や食事にも感謝して心からエンジョイしているのが伝わってくる投稿です。

未来リナ ありがとうございます。まずはエネルギー不足にならないように過不足なく栄養がとれるようにするのは何よりも大事なことですが、栄養士ではないですが食生活アドバイザーとして言えることは、**その食事がワクワクするか、楽しいかということ。**食事においてはそれがいちばん大事だと思うんです。そして他人からの情報など他人軸で選ぶのではなく、**自分軸で選ぶ食で、時間や量を制限しないこと。**それで私の体も心もハッピーになれたので、食べることに罪悪感を持つ子たちにこれからも伝え続けていきます。

—— 今日はさまざまなヒントをありがとうございました。私も若い世代との接点を作って、セルフケアへの気づき、目覚めのきっかけに少しでもなりたくて努力しているところです。未来さんが30代にかけて、ますますセルフケアのプロフェッショナルになって羽ばたいていくこと、これからも応援しています。

第 4 章

ソーシャルな
ケアギフトを
考えよう

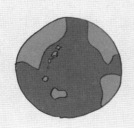

―――― Chapter.4-1 ――――

セルフケアができたら
「社会へのケア」を考えてみよう

社会について考える前に、いつも忘れずにいたいことを
書いてからこの章を始めます。

**自分のためのケア（セルフケア）ができてから、人や社会
へのケアができる**こと。その上で、もし社会という広い
範囲にまで手を伸ばす余裕があるのなら実践してみて
は、というのが私の提案です。

第３章を振り返って、**自分自身がリチャージされた（満
たされた・回復した）という感覚を確かめてから読みすす
めて**ください。

どんな社会活動も、考えるのも行動を起こすのも大きな
エネルギーを必要とします。活動家になろうと自己犠牲
ばかりはたらいていては、元も子もありません。**まず社
会を構成する大切な一員のあなたが幸せでいなければ、社
会も幸せにできない**のです。

たとえば身近な当事者は、テレワークで人の力になる仕事をしていましたが、長時間労働で睡眠も、深夜から早朝の短時間しかとれず、身も心も蝕まれても、人間関係が原因で条件を変えられず、ボランティア同然で働き続けざるを得ない状況でした。なんとかSNSに近況を書くだけで、大声を出さず、かろうじて咲いている道路上の花のようでした。それを見て私は即座に「まずは自分を守るための休み時間を」と声をかけてしまいました。

今、このように職場や家庭で生きづらさを抱える人が身近にいなくても、見聞きしたまわりの人も、その方がセルフケアできる環境づくりに務めねばなりません。

自分が弱い立場だと認識している人が誰かのためになろうとがんばってみたところで、自分を苦しめるケア労働になってしまいかねないのです。

社会へのケアの前に、セルフケア。私はこのことを、2010年代にあたった自分の学生時代の消費行動で思い知ってきたように振り返ります。英国発のNPOやブランドが牽引した「エシカル」*消費も、国内で徐々に認知度が上がっていた頃でした。

バイト代や親からの援助で実家暮らしをしていた未熟な
学生の状態から、自分のお財布や口座からお金を出し、
つくり手の人や環境にやさしい商品を買っていた頃もあ
りました。

30代になると「あの頃はちょっと背伸びしていたな」
と自分の消費をもっとシンプルに、身の丈にしていこう
という考え方に変わっていきました。
今を生きる10代、20代の方には、自力で衣食住が整え
られるようになるまでは、社会へのケアを自分の消費生
活に結びつけようと無理をしなくていいとアドバイスす
るでしょう。

一方、自分の成長と共に、社会全体はポジティブな方向
へ変わっていきました。2010年代には年に何度か特別
なイベントでしか買えなかった、学生には「高嶺の花」
のようなブランドだけが売っていたソーシャル、エシカ
ルな商品が、日々の生活で気軽に手に取れるようになり
ました。また、買う側の意識も変化しています。

＊エシカルの普及に大きく貢献されたのが、2015年に（一般社団法人）エシカル協会を立ち上げた代表理事の末吉里花さんです。私は末吉さんが2010年に始めたフェアトレード・コンシェルジュ講座（現在はエシカル・コンシェルジュ講座）を受講しました。

―― Chapter.4-2 ――
あなたがケアしたい人や社会は？

突然ですが、みなさんは**商品の背景やストーリー（生産された環境、つくり手の想いなど）まで誰かとシェアしたいという気持**ちで買い物をすることは、どのくらいあるでしょうか。この気持ちが社会ケアを含む消費行動の原点と私は考えています。

私がはじめてソーシャルやエシカルというキーワードと出会ったのは 2011 年頃。

ソーシャルやエシカルは持続可能性（サステナビリティ）ともまとめられる商品やサービスの付加価値です。

「人や地球にやさしい」は、たとえばエコ（環境配慮）、オーガニック、フェアトレード、寄付つき、障がい者支援、復興支援といった大きなテーマはもちろん、日本の各地域の活力向上、伝統の継承・保存も含まれます。

こうした商品は、一人ひとりの買い物への感性、年代や住む場所などで認知に格差があると感じています。

「地域貢献」といっても、世界に視野を広げて途上国である場合もあれば、国内の被災地である場合もあれば、あなたが暮らす街のことである場合もあります。

「人」といっても、身近な場所から世界まで、商品が届くまでの間にいた生産者やつくり手、それ以外の人まで視野を広げてケアの視点を持つことできるのです。

日本で身近な課題から挙げてみましょう。

・ますます高齢化が進み、社会全体でお年寄りが身近な存在になる上で、高齢の方へのケア。

・生まれつきや、後天的にハンディキャップを持つことになった方、見た目ではわからなくても、心や体の健康に問題を抱えている方へのケア。

・ひとり親家庭の子どもや生活保護対象の方など支援を必要としている方へのケア。

まだまだほかにもあるでしょう。

このようにケアの対象や方向性は私たちの想像以上に多様です。

だからこそ、私は**モノもストーリー（背景、情報）もギフトとしてシェアすることで、人と人がつながり、多様なケア視点が広がっていく**、それこそがソーシャルケアギフトの可能性だと希望を持っています。

Chapter.4-3

シェアして広げる
ソーシャルケアギフト

**ソーシャルケア価値を持つ商品は、まずは知って、自分の
ために買ってみるだけでも大きなこと。**それを１対１で
贈り合えれば、もっとすごいこと。さらにそれをみんな
で分かち合うことで、広い範囲にケアが広がっていきま
す。そんなソーシャルケアギフトを選ぶ、買う、分かち
合う、それぞれのポイントを紹介します。

①贈られる人が関心をもてそうなケア先を選ぶ。

相手にどんなモノならニーズがありそうか。これは日頃
のギフト選びと同じく、心で商品を選びます。
これに加えて、ソーシャルケアギフトなら、相手はその
商品の背景にあるどんな情報に関心があるのか。環境に
配慮されたもの、生産者（農家や職人）や障がい者の方
をサポートできるものなど、ケアする先はさまざまです
が、**広すぎる範囲まで考えた大きな買い物である必要はあ
りません。**

たとえば地域貢献なら、「地元の店で、人の顔を見て、売り手に感謝して買い物をする」というだけでも、その人は立派に地域へのケア視点で買い物をしていることになります。

②商品・サービスは、情報や知識も含めての値段。

ソーシャルケアな価値を持つ商品は、野菜であっても洋服であっても、通常より高い値段であることが多いものです。ましてや、自分だけでなく、他人へのギフトにするなら、お金を払うことを躊躇してしまう方もいるかもしれません。

「お金を余分に払って貢献する」という意識ではなく、**「生産者や環境にやさしくできる」というケアの価値まで含めて誰かにシェアできる特別なギフトであると意識する**ことなら、お小遣いを持てる小学生からでも始められます。

③ひとりで知る・買う・楽しむから「分かち合う」へ

最後に大切なことは、目に見える商品の魅力以外にも、ギフトの背景情報まで含めて「すべて分かち合う」と

いう意識です。ソーシャルケア価値を持つ商品の特徴は、**つくり手の想いや生産国の情報まで分かち合うことで、「ソーシャルグッド」な考え方を、ひとりからふたり、大勢へ広げられることが最大のメリット**です。

この章では、さまざまな活動を通してケアライターとなった私から、ソーシャルケアな価値を持つケアギフトという提案をしました。

地球規模の課題を見ることも大切ですが、自分の手が広がる範囲の問題を考えることも立派な社会貢献ととらえてみてはいかがでしょうか。

私自身がいつも「身の丈」で社会貢献をとらえられる感性を失わないでいたいものです。

私らしいソーシャルは、
ケアのシェアだった！

自分と誰かの間でシェアした思いやりの気持ちを、また別の誰か
にも渡していく方法に「ペイフォワード」という行動もあります。
章末のコラムでお読みください。

また、ソーシャルの考え方とそれぞれの商品をより深めたい方は、
以下の WEB サイトがおすすめです。
(一社) ソーシャルプロダクツ普及推進協会サイト
https://www.apsp.or.jp/

COLUMN_3

ちょっと違う方法で人と社会にケアギフト

「ペイフォワード」とは?

消費者としてできる最もシンプルな社会貢献は、商品のつくり手や生まれた環境に対して配慮できる商品を買うことです。対して「ペイフォワード(恩送り)」とは、自分と誰かの間でシェアした思いやりの気持ち、助けになるやさしさを、また別の誰かにも渡していける行動のことを指します。

何かを買って人や社会に貢献したり、1対1のギフト関係で相手を喜ばせたりすることとは異なり、「シェアすること、分かち合うこと」が起点となる行動です。シェア・おすそ分けの関係性を外に広げるだけで、社会によい循環を生みだすことができます。
2000年にアメリカでその名も「pay it forward(邦題:ペイフォワード 可能の王国)」という映画が公開されました。
映画の中では、11歳の少年が「世界を変えたいと思ったら何をする?」という先生の質問に「自分が受けた善意や思いやりをほかの3人に送ることで、善意の輪が無限に広がっていく」というアイデアを披露します。

自分自身の喜びを、また別の誰かの喜びにつなげる「ペイフォワード」。
私は「自分ひとりでは有り余る幸せやありがたさをシェアしたい」というおすそ分けの欲求に始まるのではと考えています。

たとえば、もしも昔懐かしい箱キャラメルなど、個包装のお菓子がいくつも詰まったお菓子を持っていて、広い空間にひとりでいたら、どのような行動に出るでしょうか?

私なら迷わずひとり占めせず、周囲のみんなでシェアしようと働きかけると思います。誰かとふたりでシェアする人もいるでしょうし、誰かひとりに全部渡してしまう人もいるでしょう。配り方まで人それぞれです。

もしも大切な方から特別なワインが1本届いて、自分はまったくお酒が飲めなくて、開けるにも開けられず困っていたなら、どのような行動に出るでしょうか。日頃からお酒が好きと知っていて、ワインを囲んで盛り上がってくれそうなご家族への手土産に持参すれば、今晩の食卓にあなたが譲った1本のワインが活躍するかもしれません。

タイミングの良し悪しもあるので、必ずしも「ちょうど欲しかった!」とはならないことがほとんどですが、このように人やコミュニティに貢献するチャンスは日常にあふれています。

1対1のギフト交換はもちろんうれしいものですが、私の場合、誰かの気持ちが含まれたものを別の誰かとシェアできたら、その

喜びはひとりのときを上回ります。

社会貢献を難しく考えてしまっている人は、自分の手が広がらない大きな範囲に貢献しようと思っている人かもしれません。

そんな方はもっと肩の力を抜いて、自分の足元の場所で「ペイフォワード」を実践すれば、意外とあなたの身近な人に貢献できている。そんなふうに考えてみてはいかがでしょうか。あなたが今いる場所がどこでも、すぐ始められるはずです。

099

第 5 章

ケアギフト的な
エッセイ集

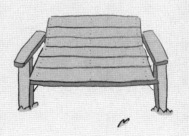

言葉のケアギフト

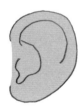

はじめのエッセイは夏に書きました。

気がつけばプールにも海にも入らず、水着も日焼け肌も
縁遠い東京シティーガールになっていました。今も涼し
い屋内で書き物をしていることは変わりませんが、今年
はちょっと潮目が変わったような気がするんです。それ
は「海を想う」「海を目に入れる」頻度が増えたこと。
これからの夏、いつ読んでも「夏だったな」と思えるよ
うに、海を見ながら少し書き直したりしています。

プールや海といえば心当たりがある、言葉のケアギフト
があります。ふたりのかけがえのない存在をご紹介しま
しょう。

ひとりはおばあちゃん。強烈なおばあちゃん子だった私
は、おばあちゃんとの夏の市民プールや、海岸沿いのホ
テルのプールでの思い出が心の中にたくさん残っていま
す。
自分も泳ぎが好きだったおばあちゃんは、私が疲れるま
で1日中つき合ってくれました。

帰り道の耳の記憶はいつも、「**よく泳いだねぇ。**」

ふたりだけで行ったプールから帰ると、おばあちゃんは
いつもよく家族にこう話していました。
「あんなが今日もすごかったのよ。クルクル回るように泳
いで人魚みたいだったわよ！」

そんな言葉にも聴き耳を立てていたので、すごかったよ
と言われて調子に乗った私は、その日の昼ごはんや夜ご
はんを勢いよくもりもり食べました。

すると、もちろんおばあちゃんは**「まー、今日はよく食**
べること。偉いねぇ。いっぱい泳いだからねぇ。」

当時は食欲にむらがあった私も、この褒められの連鎖が
うれしくて。ほぼ条件反射のように体が反応。プールと
おいしい手作りごはんはいつも夏休みのお楽しみセット
でした。よく泳いでよく食べた日は、おばあちゃんが眠
るまで扇いでくれた団扇のまろやかな涼しさで夢の中
へ。

今も思い出すと幸せになれる夏の日の思い出です。

時代は現在まで飛んで、もうひとりはラジオ DJ・ナレーターの秀島史香さん。
秀島さんのやさしい声が好きになってからというもの、波の音に始まるラジオ番組が流れる週末の朝が待ち遠しくなり、毎日なんだかご機嫌になってしまい、すっかりハッピーなルーティーンができてしまいました。

おまけにこの夏、念願叶って秀島さんと顔と顔を合わせてお言葉を聴く機会に恵まれたんです。金言はいくつもあって悩ましいですが、ここでは秀島さんらしい言葉をいくつか。

私の問いかけに対して、ひとつひとつに、「**ですよねぇ。**」

これだ！　リスナーさんに共感する、ラジオでいつも聴くあの秀島さん節が、今、私の目の前に。今は私に共感してもらっているんだと、この語尾を聞いただけで心臓プルプル。

お仕事や日常を回想しながら、秀島さんが誰かに憑依してお話しされる場面が何度もあり、これも私の心を射抜きました。「**お疲れさまです！とか。**」「**いってらっしゃい！**

とか。」

ありふれていて特別な言葉ではないけれど、私が秀島さんをひとりの「先輩」として見たとき、毎日秀島さんに『お疲れさまです』『いってらっしゃい』の言葉をかけてもらえたらなんてハッピーだろう！と心底思えたんです、よねぇ。
それと同時に、毎日誰かからもらっているはずのこの言葉を、いかに当たり前のように聞き流していたことか。
そんな反省の思いもありました。

読者へ語りかけてくださったのは、「みなさん、本当によくがんばっていると思いますよ。」

あっ、この言葉はおばあちゃんの「すごいね、偉いね。」と同じだ。こうして自分を褒めてくれる人の存在を大切にしようと、改めて思い直すきっかけになったんです。

今はもう身近で聴けないおばあちゃんの声と、今いつも楽しみに聴いている秀島さんの声。
これらは目から入る文字ではなくて、私の耳が「やさしい」と感じた言葉のケアギフト。

おばあちゃん、秀島さん、ありがとう。
やさしさを求めたとき、いつまでもふたりの言葉に帰っ
てこられるので、これからも安心です。

スープという
ケアギフト

最近、あたたかいスープをあまり飲んでいないなという
人がいたら……。とりあえずスープを飲んでほしい。そ
んな思いを込めて、毎年寒くなる季節、寒い環境を歩い
ているときに、デジタルの距離からスープのギフトを
贈っています。

スープのケアギフトを積み重ねた先に、スープのような
人になりたい。

そんな私の思いは、スープ・フォー・オール 。日々の
飲食だけでなく、衣食住全般と人間関係において、今の
自分が恵まれている「あたたかさ」について朝晩と必ず
１回は考えます。

今に始まった着想ではなく、中高生の頃も駅構内や路上
で見かける生活者の様子を見ながらひそかに考えていた
ことでした。「私はただの通りすがりだけど、この人に
スープを届けられたらいいのにな」。

あたたかい衣服や守ってもらえる家に生まれ育って恵ま
れている実感はありましたが、自分だって、この先いつ、

お金や何らかのトラブルによって路上で一夜を過ごすか
わからない。

実際、20代の頃に訪れた海外では、寒い路上にひとり
で立ち尽くした経験もありました。

ニューヨークやロンドン、東欧の冬。このまま立ってい
たら危ないとひやり、はっとして、心のどこかでいつも、
路上生活はすぐ隣、そこにいるのは隣人だと意識してき
ました。

SOUP FOR ALL. 思考は世界の路上から日常へ。

スープの価値を伝えるようになったのは、コロナ期から
の在宅時間のスープづくりと毎日のスープが自分の健康
回復に役立ってくれたからでした。それまではただの食
事の一部としかとらえていなかったのに急に主役にし始
めて、スープのほうがびっくりしているかもしれません
ね。

ところで、スープ作家となった有賀薫さんがそのお仕事を始めたきっかけは、受験生の息子さんにつくってあげたことだそうです。有賀さんがレシピや書物で伝えているようにスープは「魔法」。
飲んだ人だけが感じるぬくもりであり、味わいは本能が求めるものだと思います。

また、吉田篤宏さんの『それからはスープのことばかり考えて暮らした』という小説のタイトルは、15年経っても色褪せていません。

スープに塩むすびもつければ、それはもう完璧なご馳走。『千と千尋の神隠し』の千尋がおにぎりを食べたシーンのように、弱ったあなたを「あなた本来」に戻すのは、加工食品を並べて用意した豪華な食卓ではなく、歴史的にも消費されてきたシンプルなごちそうなのだと、小さな子にもわかるように教えてくれます。

おにぎりのような日本食セットに慣れない人なら、パンやサラダを買っていくとき、インスタントやテイクアウトのスープを持参してもいいですね。今はそれぞれの食生活があるので、多種多様なかたちで楽しめばいい。

私の冬のアメリカ、欧州の旅の思い出の中にお気に入りのカフェチェーンがあり、秋になるとスープやポリッジ（オートミールのお粥）の広告やお知らせレターが届き、それがスープシーズンはじまりの合図。国は遠く離れていても、デジタルで届くあたたかさを感じます。

スープを探して飲む、食べる知恵さえあれば、家でも旅先でもどこでも簡単にできるセルフケアに。生活にも仕事にも、人間関係にも疲れて、おまけに季節性の不調にも見舞われたとき、スープが助けてくれるでしょう。

もし今、弱ってしまったと感じたら、コンビニで買えるカップ味噌汁やカップスープなど、手軽なスープ類を手にとってほしい。脱水したときのポカリのように、不調のときにスープを選ぶことも、いざというときに助けてくれる食べる薬のようなものという知恵は、若い世代にも身につけておいてほしい。

SOUP FOR ALL. 今年もその先もみんなで寒い季節を乗り越えられるように、特に弱った方、若い方の冷えた心と体にスープの温もりが届くよう伝え続けます。

サービス以上という
ケアギフト

私は今日もどこかでコーヒーを飲みながらこれを書いています。

世界から見たら「とある町のどこかで」。SNSの世界がなければアピールする場所もありませんが、あなたがどこにいても、居心地のよい場所でリラックスして好きなものを飲みながら読んでくれるといいな、と思います。

ある日は別の場所で別のコーヒーを飲みながら、また別のコーヒーのことを考えているほど物好きなコーヒー人間の私です。

頭の中には「Biscoff」と書かれた赤いビスケットをそっと添えてくれる地元の喫茶店と、実家に帰ると母が私の好みに応じてカスタマイズしてくれる「実家珈琲店」のことを思い出しています。

赤い包み紙のベルギー生まれの「ロータス ビスコフ」。知っている方ならその様子が視覚的に想像できるものですが、薄くて赤いビスケット。このお菓子が添えられたコーヒーが目を惹き、たまたま私の心を掴みました。
ほかの場所でも、カップのソーサーやコーヒーの脇に置

かれたクッキーやビスケットで、お金を出して期待した
以上のサービスを受けた経験がおありでしょう。

ホテルのラウンジならホテル製「プティ・フール・セック」なのかもしれません。上等なビスケットもいいですが、どんなカフェや喫茶店でこのもてなしを受けても、誰もが勘づく、そっとさりげないケアギフトです。

このビスケットの魅力は、大きすぎず小さすぎず、シナモンの味にちょっと塩も入って、会話に熱中して喫茶店で数時間に及ぶおつきあいになっても糖分と塩分がほどよく補給できていい。個包装だから「今すぐでなくて、持ち帰ってもいいですよ」という風体でいるのもやさしい。

以来、その喫茶店の近くで「Biscoff」と書かれた段ボールが解体されているのを見てもキュンとしてしまいます。老後にカフェを経営したら、この赤い小さなケアギフトを箱で発注するかもしれないし、カバンにもたくさん忍ばせているおばあちゃんになっているかもしれませんね。

一方、これは家をリノベーションしてから始まった実家の母の趣味で、私の自慢の「実家珈琲店」。お客は家族以外にいませんが、私だけの珈琲店です。

シーズンレスの定番は1杯ずつ淹れるハンドドリップコーヒー。暑い日は母式アイスアメリカーノ。お店ではアイスドリンクの名前ですが、濃いめに抽出したエスプレッソを、たっぷりの氷で急冷して提供するのが母のやり方。

実家に行く日は「今日はこれが飲みたいな」という希望を母とやりとりし、汗をかく朝、冷える朝など、体調や気分で急な変更も許してくれたり、脱水予防にレモンやミントの入った氷水を添えてくれたり、とにかくやさしい母のおもてなし。

どんなカフェも敵わない、サービス以上の母のもてなしを体験してしまうと、家の外でのコーヒーが美味しくても「なんとなくいい」「ちょうどいい」表現になってしまうのが玉に傷。

冒頭でほのめかしたように、私がコーヒーについて名もなきかたちで紹介をする癖は、この実家珈琲店のサービスがほかに変えがたいものだからかもしれません。

結局はどんなコーヒーも、どんなカフェや喫茶店も好き
です。もう２度は行くことはなさそうな外国の辺境を旅
したとき、街角で売られていたペーパーカップの安い
コーヒーだって美味しかった。でも、記憶をひっくり返
してみると、過去も未来もこの２つが「サービス以上」
というケアギフトについて教えてくれるシンボルです。

コーヒー以外にも、私たちに身近な「サービス以上」と
いうケアギフトに目を配るため、少し話題を広げます。
私はカフェの店員さんだけでなく、荷物を運んでくれる
運送業の方から小さなキャンディーや会話の中の言葉な
ど、サービス以上の何かをくれる人によく出逢います。

暑い日に汗をかきながら「実家珈琲店」に向かっていた
とき、たまたま乗せてくれたタクシーの運転手さんに
ちょっとした労いのひと言とボトルドリンクを渡したこ
とが。すると急にスマイルになって会話をし始めてくれ
たおじさんのおかげで、ほんの数分の距離ですがタク
シー観光にあずかったような気分に。いい日曜日の始ま
りでした。

もし、思いがけないタイミングでうれしい言葉やプチギ

フトをいただいたら、次に出逢ったサービス業の方にお
金以上の何かをそっと添えてみてください。

ケアの言葉やプチギフトをきっかけに、労り、天気など
を交わす雑談は、必要とは限らないけれど、いつも自分
と相手の心が自然にほぐれていく時間です。

古き良きを教わるという
ケアギフト

あなたは、どんな音楽が好きですか。

小さい頃から好きな音楽。大人になってから好きになった音楽。音声メディアがあふれる時代になってからは、自分から探したのではなく、放送で流れるムード・ミュージックや自動で再生されたものがたまたま耳に入って好きになったという曲もあるでしょう。

今日のお話は最近のJ-POPでも、2000年以降の洋楽でもなく、自分が生まれた1990年より昔の、親譲りの洋楽について。強火のようにぱっと盛り上がりはしませんが、弱火でじわじわと心を温めて持続し、私の心を照らす、父や先生に教わった音楽のケアギフトです。

父の好みは父いわく、ビートルズ、70年代のロック、AOR（Adult Oriented Rock）。私が生まれる前からなので、「好み」という表現では足りない、もっと強い愛好家かもしれません。

ビートルズは60年代から70年代、AORは70年代後半から80年代にかけて全盛期を迎えたと言われています。振り返ってみると、2010年代以降、父が聴かない洋楽

のロックやポップスの流行歌も好きになりましたが、自ら洋楽を聴くようになった原動力も、父の「刷り込み」があったおかげです。

父と自分を重ねると、それぞれの家庭で、これからの子どもたちが親からもらった音楽の知識のギフトを受け継いでいくのだなあと思うと、それもまたぐっときてしまいます。

さて、大人になった今の私のひそかな趣味は、まだまだはじめて出会う古い音楽の知識について、父の「好き」の方向性とは別の見方を持った「古き良き音楽世代」のお話に耳を傾けること。そこにお酒があると、もっとおいしい話になることも知りました。

時に取材を重ねて出逢った父より年配の音楽通の方、先生と呼ばれる存在の方、父と同じくらい長年ビートルズを愛してきた方。それぞれ「好き」の方向性がぴったり重なることはないけれど、時代を一緒に生きた人たちが語る内容は強く、いつも「敵わないなあ」と思うのです。

古き良き音楽を語る方。どこかの刷り込みで「男の人に

特有の世界なのかな」と思っていたのですが、実際そんなことはありませんでした。父が慕う音楽評論家やラジオ番組のパーソナリティーには、女性も多くいることに気づきました。

今の私が「経験には勝てないなあ」と思い知るのが音楽のこと。でも、ひとつだけ物知り気に話せる瞬間があるんです。それは自分の足で世界に出て、アーティストがいた国やゆかりの場所をこの目で確かめに行ったとき。

我が家は両親がまだ若い頃からふたり揃って「思い出」という 80 年代の流行歌も教えてくれました。今でも私が音楽をかけると懐かしんでくれますが、実際、ふたりはアメリカの西海岸を見たことがないのです。夏休み、父は伊豆まで運転しながら、日本のシティ・ポップを車の中でかけていて、海沿いを運転したり、家の中で歌ったりしていましたが、少女の私が「これがアメリカの風景」と錯覚してしまったくらい楽しくて。そんな体験に、今だからこそ感謝しています。

転じて、まだ叶っていませんが、父にもいつかビートルズが生まれたイギリスの風景を見に行かせてあげたいと

思うのです。これから足腰も重くなってしまいますが、生きている限り広い世界に出て「好き」の原点にふれる感動を味わってほしい。これが、ちょっと世界を齧った娘心。

古い音楽と新しい世代が出会うとき、「あたらしい」と「古き良き」の交差点に立つようだと思うことがあります。後から知った私の目や耳には「あたらしい」のに、昔から存在していたことに気づかなかった未知の世界があることに驚く。それが古き良き音楽の魔法のようなもの。好きになった音楽をきっかけに自分の知らない時代の出来事や生まれた国について深めれば、語学、歴史、文化など音楽以外にも「好き」が増えて、そこに探究心や「誰かにシェアしたい」という情熱が生まれる。これはどんな音楽にも通じることですね。

音楽の扉を開いてくれたのが、父とそのまわりで活躍する古き良き音楽世代の方々。アーティストや世界への知識や感動を教えてくれた恩返しとして、これからの自分に何かできるのか考えています。

心をじわじわと温め、ケアしてくれるお守りのような音

楽。教わる音楽のギフトはいつも心に大切にとっておき、残してくれた人、教えてくれた人が元気でいる限り、感謝していたいものです。

時間というケアギフト

最後のエッセイは、秋に書きました。

秋の街は賑やかで楽しいのに、なぜかメランコリックな気持ちにもなるものです。肌寒くなる気候や自然の情景、音楽など、秋らしいもの悲しさは人それぞれ、思い出すものがあるはずです。

小学生のときから1年の中で最も好きで、元気になれる季節は秋でした。

文化祭の実行委員や出演者として駆け回った高校や大学時代。お祭りの担い手として、準備を始める段階から待ち遠しいものでした。大人になっても晩夏から秋にかけて、祭の気配や賑わいを感じる頃から、心の中では人知れず、何かが燃えるようにわくわく。これまではそんな私でした。

あの人と一緒に話しながら歩いた街や、近づく秋の祭りを知らせる「祭」と書かれた飾り旗。それらを見ながら、今は心の中はしんみりと落ち着いています。

20代から30代、自分の重要な人生のひとときを一緒に

過ごし、失いたくなかった人たちが3人思い浮かびます。
今、それぞれと交わしたケアギフトを、もう一度その人
とベンチに並んでおしゃべりするように静かに振り返る
時間をつくっています。

地元の横浜に来るといつも思い出す、大学時代の友人で
シンガーソングライターの女の子。

学生生活では姉のように慕ってくれて、どこに行くにも
一緒だった妹のような彼女。ロングヘアと強気な眼を
持った彼女は、自分で書いたポップソングを歌うチャー
ミングな歌声と存在感で大学の先輩だった私を「恋」に
落としたひとりのアーティストでした。地元の横浜には、
一緒に歩いたり訪ねたりした場所が今もあちこちに健在
です。

それは「あ、秋がきた」と空気の変化を確かに感じた、
悲しいほど晴れた秋の日でした。
彼女と一緒に朝ごはんをしたアサイーボウルの店の前で
偶然流れてきて耳に入ったナタリー・インブルーリアの

「Torn」。よく彼女がカバーして歌っていました。後からさまざまなカバーを聴いてみましたが、好きだからこそ情感を込めて歌える、明るいだけではない歌です。

この曲で昔の彼女の可愛らしい歌声とアサイーボウルが蘇って、ランチタイムの賑わいの中で私だけ感傷に浸っていたようでした。この日の情景や心情も彼女なら歌にしてくれたかもしれません。

横浜の「キャトルヴォン」というフランスものの古着のお店を愛し、鮮やかなワンピースで歌うのが好きだった彼女は音楽以外にもアートの才能に富んでいて、当時私がよくつくってプレゼントしていた自家製グラノーラのお返しにいつもイラストと言葉を手書きで書いてくれました。

残してくれた紙の筆跡を見ると、ギフトのありがたさを先に教えてくれたんだなと思います。

私は歌はできないけれど、彼女は私に似ているところがあったので、30歳になって国々を行き来して自由な人生を謳歌していたはず。本屋さんでファッションや音楽

の話をしながら「いつか一緒にロンドンやパリに行こう」
と話した夢も、行動力のある彼女となら近い将来実現で
きたはず。

地元の横浜やヨーロッパで一緒に見たかった、見せた
かった風景がたくさんありました。この悔しさは「彼女
の分まで世界を見てやろう」というその後の私の20代
の情熱に変わりました。

社会を変える、地球や人にやさしい商品を広める活動に
貢献した社会企業家の先輩。

学生時代の私に「社会問題を発信したい思いや情熱があ
りそうだから、大人たちと協力してみては」と、社会活
動の世界に誘ってくださいました。

その数年後、重い病気で代表職を引退し、療養生活へ。
この前まで代表としてスピーチをしていたアクティブな
先輩でいたのにと、びっくりしたのを覚えています。
病気を知りながら何もできなかった自分がもどかしく、

ご家族を介して専門店の参鶏湯（サムゲタン）のギフト
を届けました。
いずれ元気になってまた会えるだろうと信じていました
が、感謝のメールをビジネスメールで読んだのを最後に
お会いすることはできなくなってしまいました。

「社会へのケアより自分へのケア」は先輩が身を持って
教えてくれたと振り返ります。先輩が書いた本の言葉、
礎を築かれたコミュニティは残り、社会を変えたい同じ
思いを持つ人の輪を広げ続けています。

未熟な20代半ばでしたが、機転を利かせてケアギフト
を選んだ自分には、今なら「よくやった」と声をかけら
れます。ひとりの病める誰かのために特別な思いで贈っ
たファースト・ケアギフトだったのではないかと振り返
ります。

そして今、改めて見直すのは、韓国料理のスープ料理、
参鶏湯。夏の韓国の風習「初伏（チョボッ）」※や寒い季
節にかけて、疲れた心と体を癒やしてくれる料理。
先輩との最後のやりとり以来、参鶏湯は私が弱った方へ
選ぶスペシャル・ケアギフトの存在です。

※韓国では年に3回、夏の土用（初伏）があり、英気を養うために日本の鰻のように参鶏湯を食べる風物詩があります。

父親ほど歳の離れた映画通な友人との思い出はまだ新しく、失ってはじめての秋はまだ心が追いついていないようです。私からこれといったギフトは届けられなかったけれど、ついこの前の秋まで映画の時間、鑑賞前後のカフェの時間を楽しんで、時間のギフトをいただいていました。

今年の秋も一緒に流行りの映画を観て「やっぱり秋っていい季節ですね」としみじみ話している予定でした。「映画の街」と呼ばれる東京の都会に映画を観に行くことは、その街にいくだけでシネマティックな体験でした。

映画をいつも共有していた大切な友人を失った今、同じようにひとりで街を歩いても、映画館に行っても、あの頃の感動の感覚が戻ってこなくなったんです。会話しながら歩いた場所に来るたび、冷めて苦くなってしまった飲み物のような後味が消えません。大人になって誰かを失った人が経験する心の痛みとはこれなのだ、とはじめ

て理解しました。

誰かを失った人は「あの人がまだ元気なら、こんなもの
を食べて、こんなもの一緒に見たい」と思う情報や作品
が目の前に現れたとき、心にちょっとさみしさが浮かぶ
ことがあります。
読者の方それぞれが、今はいない大切な存在と何か共有
したいものを重ね合わせることができるのではないかと
思います。

同じことを私が家族に尋ねてみたら、愛犬たちを連れて
行きたかったあんな場所、食べさせたかったこんなもの
が今もどんどん出てくるから、大切な存在は人間だけで
なく、年齢も問わずですね。

その誰かは記憶の中で年齢はそのまま、これからも「考
える時間」をあなたにギフトし続けてくれるとも考えら
れます。

村上春樹さんは、編集を手掛けた『少年カフカ』の中で
「僕らができるのは、ただ彼らを記憶し続けることだけ」
と答えたそうです。3人との経験を経て、私は「忘れな

いでいる」ことを、歳を重ねても仕事や生活と同じよう
に大切にしたいことに据えました。

今の私は、もういない人と今ある場所、そのとき共有し
たケアギフトの思い出を、当時の写真や言葉で結び、過
去と現在をつなぐことで「忘れないでいる」という使命
が果たせる気がします。

いろいろなことで頭が忙しい今は３人にもらった時間に
「ありがとう」を込めてこれを書くだけですが、人生の
先輩世代になったら「人を思う時間」そのものをギフト
ととらえられたら素敵です。

忙しない日常の中で、もう一度その人とベンチに並んで
話すように、一緒に対話するような時間を忘れないよう
にしたい。

そして自分にも、いくつになっても、時間のケアギフト
を忘れずに。

🕐 あとがきに代えて　５時のご挨拶

５時ようございます。これは本を書く前からあった私オリジナルの毎日２回のご挨拶です。

コロナ禍に働き方を大転換させ、ケアライターとなった私は2024年現在、日により遅れもしますが基本的にこの「５時よう」を朝夕２回ご挨拶することを合図に、自分のゆるやかな働き方の姿勢を示してきました。

私のように独特なアフター５の過ごし方でなければ、誰でも簡単に言えるものではないのではとも思います。

今どこかで頑張っているすべての人にケアを贈り届けたい。自分にも、まわりにもやさしくなれる魔法のような、ケアギフトを贈る行動を広めたいという私の思いは、本文にすべて込めました。

すべてを書き終えて改めて、ライターの私は書くことでしかケアに貢献できないという無力さ、微力さも心のどこかに残っています。今この瞬間、私がくつろいでいる間もケア労働にあたっているみなさま。この場で改めて、

お疲れさまです。そしてありがとうございます。

ちょっとひと息ついたとき、「今日、自分にも何かケアしたかな？」と、この本を参考に何かご自身にケアギフトを贈ってください。

第2章に書いた「隣人さん」で思い出すのは、いつも周囲でお世話になっている、ケアの心が深く親身な方々です。特に卒業後、約10年ぶりに再会した慶應義塾大学の横山千晶教授。お話を聞き、地域社会に奔走し続ける姿を見るたびに「自分が語るケアなんてまだまだだ」と思いながら書きました。

これからの人生でも「先生」と呼べるすべての方に学びながらケアを深めていくはずです。

ここには書ききれないほど、SNSでつながる隣人さんにも感謝申し上げます。みなさまからインスピレーションをいただいたケアギフトアイデアも積み重なっての1冊です。

第3章に自分へのケアギフトを集めましたが、お気に入

りの本ばかり並んだ自分だけの本棚の前に布団を敷いて
寝るのも気に入ってます。

こうやって自分の生活行動をすべてケアギフトととらえ
るようになったら、特に大きなアクションはしていない
はずなのに、単純に純粋に生活自体が楽しくて、健康的
に、豊かに感じられるようになったのも、セルフケアギ
フトがくれた"魔法"のような体験でした。

母の日、母と祖母へのギフトを考えながら、ふいに「ケ
アギフト」というフレーズを書いていなかったら。それ
を自分のためだけの雑記帳に置いたままにしていたら、
私は今もケアを探る取材だけを続けていたと思います。

この経験から私のようにライターという肩書きを持たな
い方も、この先も一生大切にしたい思想のようなものが
ひらめいたら、メモにしたためて、リアルやデジタルの
関係を駆使して誰かにシェアしてみることをおすすめし
ます。

はじめての出版で最後まで粘り強く並走くださった編集

者の大勝きみこさん、みらいパブリッシングの森澤かほりさん。私の最初の着想を思いがけず深く理解いただけたからこそ、本の形にすることができました。改めてここに感謝いたします。

そして、私は単なる筆者"担当"であり、この本の主役として2人強く推す存在がいます。

noteで目に入ったイラストとエッセイに一目惚れし、その後、まさか自分の本の挿絵を快諾くださるとは思わなかった、ささきたけよしさん。文章を書くことも得意なエッセイストのイラストレーターさんです。

そして、セルフケアの第3章に登場いただき、帯にもコメントをくださった未来リナさん。未来さんとは本が出た後もケアギフトのアイデアを次世代にシェアしていけたら素敵なことだと思います。

ささきさんや未来さんと引き合わせてくれたnoteはまさに、デジタル時代ならではの恩恵を受け取れるありがたい存在です。

この本ができたら真っ先に届ける約束をしたのは、第5

章に登場するおばあちゃん。

いつも誰よりも言葉のケアギフトをいただいている秀島
史香さん。史香さんの話し声や発信に幸せな気持ちをい
ただいています。

そして、第4章を書くにあたってアドバイスを頂いた中
間玖幸さんへ改めて感謝します。私にとって姉貴存在で
あり、どこか友達感覚で接してくれる男子2人のたくま
しいお母さん。社会のことに真摯でい続ける憧れの存在
です。

もう本は届けられない友人、先輩のことも思い出しなが
らエアケアギフトを贈っています。

両親と両親が愛した天国のコーギー2匹にも愛を込めて
贈ります。

この本を介して出会うまだ見ぬ読者のみなさま。
願わくばおひとりおひとりに、私からケアギフトを贈る
機会に恵まれますように。

これはこれまで記事などで公に書く機会はなく、密かに
いつも心に思ってきたことですが、誰もが仕事に人生を
のっとられずに、明日も穏やかに、幸せを感じて過ごせ
ますように。
贈り、贈られるもっとやさしい社会づくりを目指して、
私は今日からも、まず自分を大切にすることから実践し
ます。

いつもの自家製スープを手に好きな音声メディアを耳
に、くつろぎながら自宅のソファにて

Feeling blessed with the biggest self-care gift of work-life balance.

著者

著者プロフィール

腰塚 安菜 （こしづか あんな）

ゆる社会活動家 / ケアライター

慶應義塾大学法学部卒業。横浜市内の女子中高一貫校時代に元町・山手エリアで過ごす。学生時代から人・環境にやさしい「ソーシャルプロダクツ」を伝える活動を始め、ファッション誌 PR やエシカルブランドでのインターンを経験。 2013 年から「ソーシャルプロダクツ・アワード」審査員を 6 年間務める。2016 年から 2020 年まで日本環境ジャーナリストの会で発信、気候変動・フェアトレードに関する国際会議に参加。SDGs や若い世代の教育を「ESDレポーター」として伝え、全国イベントの総合司会も担当。地球環境問題の発信から 2021 年以降は健康や働き方、ライフスタイルテーマの執筆に転向。ケアライターとして本格的にインタビュー取材を始める。代表連載にヨガジャーナルオンライン「私たちの自由な選択」など。

イラストレータープロフィール

ささき たけよし

ゆるクリエイター

1984 年生まれ、秋田県由利本荘市出身。小さい頃から絵を描いたり、何かつくったり、自然と親しみながら育つ。特に将来の夢もなく、学校を出て就職するも、ストレスによりメンタルを壊し退職、その後はいわゆる定職に就いて働くことが難しくなり、自分の働き方と生き方を探し、つくり始める。いつも「今ここ」という瞬間を自分がワクワクすること、好きなことをして生きている。浅煎りコーヒーと寝ること、読書が好き。

ケアギフト
自分にも、まわりにもやさしくなれる魔法
2025年1月24日 初版第1刷

著 者	腰塚安菜
発行人	松崎義行
発 行	みらいパブリッシング
	〒166-0003 東京都杉並区高円寺南4-26-12 福丸ビル6F
	TEL 03-5913-8611　FAX 03-5913-8011
	https://miraipub.jp　MAIL info@miraipub.jp
編 集	大勝きみこ
ブックデザイン	熊木彩乃
イラストレーター	ささきたけよし
発 売	星雲社 (共同出版社・流通責任出版社)
	〒112-0005 東京都文京区水道1-3-30
	TEL 03-3868-3275　FAX 03-3868-6588
印刷・製本	株式会社上野印刷所
	©Anna Koshizuka 2025 Printed in Japan
	ISBN978-4-434-35107-5 C2036